**BIBLIOTHÈQUE
POUR TOUT LE MONDE**

DIRECTEUR : AD. RIOU

SIMPLE FACILE

# DESSIN LINÉAIRE

AVEC FIGURES

PARIS,
PHILIPPART, LIBRAIRE
rue Dauphine, 24.

# PRINCIPES
## DE
# DESSIN LINÉAIRE

PAR

M. E. BEDE,

Docteur ès-sciences physiques et mathématiques.

—

4ᵉ édition.

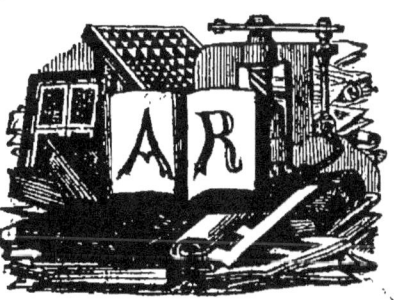

A PARIS

CHEZ PHILIPPART, LIBRAIRE,

2, BOULEVARD MONTMARTRE,

ET CHEZ TOUS LES LIBRAIRES
DE LA FRANCE.

Paris.—Imprimerie Bonaventure et Ducessois, 55, quai des Grands Augustins.

# PRINCIPES
# DE DESSIN LINÉAIRE.

Le dessin est un art qui doit être aussi ancien que l'homme lui-même. La reproduction des objets que voyait l'homme a dû être pour lui un plaisir qui se présentait de lui-même, et plus tard une nécessité. Il y a naturellement deux manières de représenter un objet ; on peut le copier tel qu'il est en le façonnant avec un corps quelconque, en *sculptant;* on peut aussi copier l'objet sur une surface plane, en représentant les projections de tous ses contours sur un plan placé derrière lui, en le *dessinant*.

Il est un genre de dessin d'une importance toute pratique : c'est le *dessin linéaire*. Il consiste à représenter dans leurs véritables grandeurs, formes et dispositions, les objets qui peuvent se montrer à nos yeux. Il sert à l'industrie en copiant les machines; il sert au luxe en copiant les palais. C'est un dessin tout régulier : on pourrait exécuter un dessin de machine ou un dessin d'architecture avec une règle et un compas, sans rien confier à la dextérité de la main.

## CROQUIS.

Lorsque l'on a à copier une machine ou un monument, on doit d'abord en faire le *croquis*, c'est-à-dire copier l'objet grossièrement à la main, en n'imitant qu'approximativement ses contours et ses dimensions, et noter ces dimensions, ou du moins les principales. Ainsi, par exemple, pour faire le croquis d'un volant de machine à vapeur, il suffit de le copier grossièrement en notant les rayons des principales circonférences et l'épaisseur des rayons du volant.

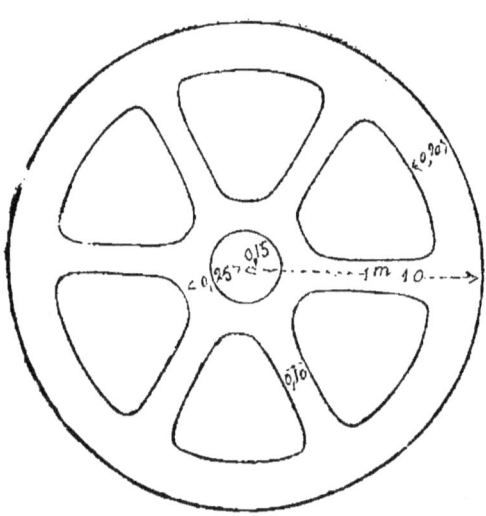

Fig. 1.

Pour bien faire un croquis il faut s'habituer à tracer certaines lignes, à leur donner approximativement des longueurs relatives ou à les diviser de certaines manières, et à tracer certaines figures. C'est ainsi qu'il faut s'habituer surtout aux exercices suivants :

1. Diviser une ligne en deux, trois, quatre, etc., parties égales.

2. Tracer des lignes parallèles, horizontales, verticales ou obliques (fig. 2). Cette opération est très-souvent répétée dans les croquis d'après nature ou la construction des

plans; il est donc de la dernière importance de bien se familiariser avec ce tracé.

3. Tracer une perpendiculaire DC sur une horizontale AB (fig. 3). Vérifier si les angles ACD, BCD sont droits, au moyen de l'équerre.

4. Tracer un angle aigu ou obtus ayant certaine grandeur (fig. 4).

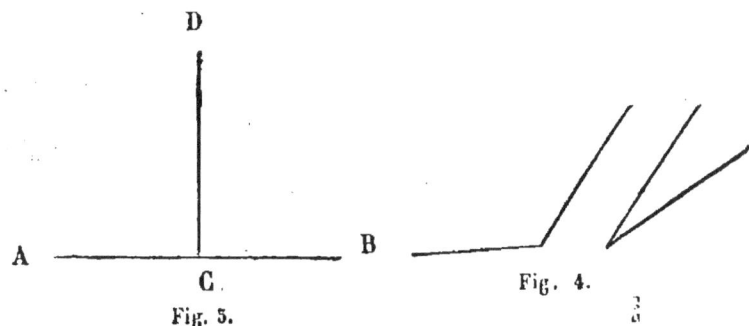

Fig. 5.        Fig. 4.

5. Tracer un triangle *équilatéral* qui a ses trois côtés et ses trois angles égaux.

6. Tracer un *parallélogramme rectangle* (fig. 5).

7. Tracer un *carré* (fig. 6) ou parallélogramme rectangle à côtés égaux.

8. Tracer un *losange* (fig. 7) qui a ses quatre côtés égaux sans avoir ses angles droits.

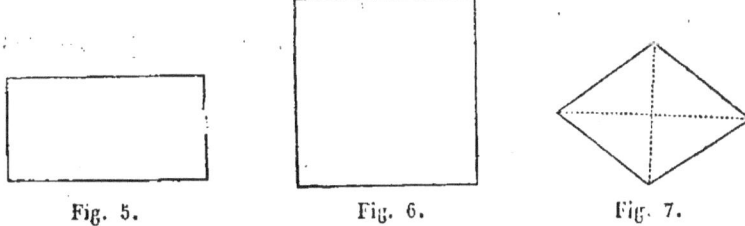

Fig. 5.        Fig. 6.        Fig. 7.

Dans tous ces quadrilatères ou figures à quatre côtés on devra mener des *diagonales*. L'intersection des deux diagonales dans les quadrilatères rectangles est le point central de la figure.

**9.** Tracer un *pentagone* régulier (fig. 8) qui a cinq côtés et cinq angles égaux.

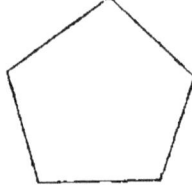
Fig. 8.

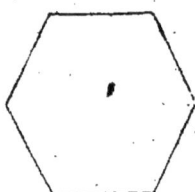
Fig. 9.

**10.** Tracer un *hexagone* régulier (fig. 9) qui a six côtés et six angles égaux.

Le tracé de ces figures est d'autant plus difficile qu'il y a un plus grand nombre de côtés.

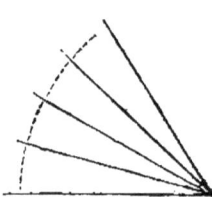
Fig. 10.

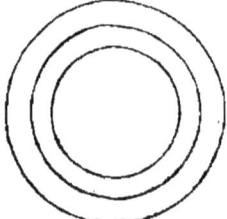
Fig. 11.

**11.** Diviser un angle en deux, trois, quatre parties égales (fig. 10).

**12.** Doubler, quadrupler un angle donné (fig. 10).

**13.** Tracer un cercle (fig. 11).

**14.** Décrire des cercles concentriques et équidistants (fig. 11).

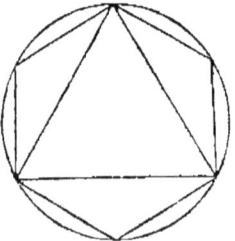
Fig. 12.

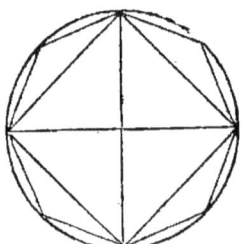
Fig. 13.

DESSIN LINÉAIRE. 7

15. Diviser un cercle en trois, six, etc., parties égales (fig. 12).

16. Diviser un cercle en quatre, huit, etc., parties égales (fig. 13).

Lorsque l'on a fait le croquis au crayon d'une machine compliquée, il est bon en le passant à l'encre de marquer avec une encre différente les chiffres et les lignes de cotes, pour éviter toute confusion.

*Instruments de dessin.*

Les principaux instruments qui servent à dessiner sont la *règle*, l'*équerre* et le *compas*, puis les instruments à tracer, c'est-à-dire un crayon et un *tireligne*.

La règle employée par les dessinateurs est tout simplement une lame de bois bien droite et en général assez mince.

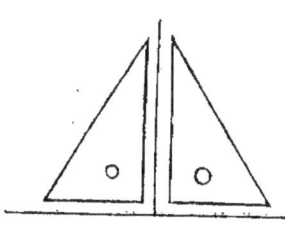

Fig. 14.

L'équerre est un triangle rectangle en bois. Pour s'assurer si une équerre est bonne, c'est-à-dire si son angle droit est aussi droit que possible, il suffit de tracer une ligne droite, d'y appliquer un des côtés de l'angle droit et de tracer une seconde ligne suivant l'autre côté; on retourne ensuite l'équerre autour de cette seconde ligne, et si l'équerre est bonne, on devra voir coïncider parfaitement le premier côté avec la première ligne.

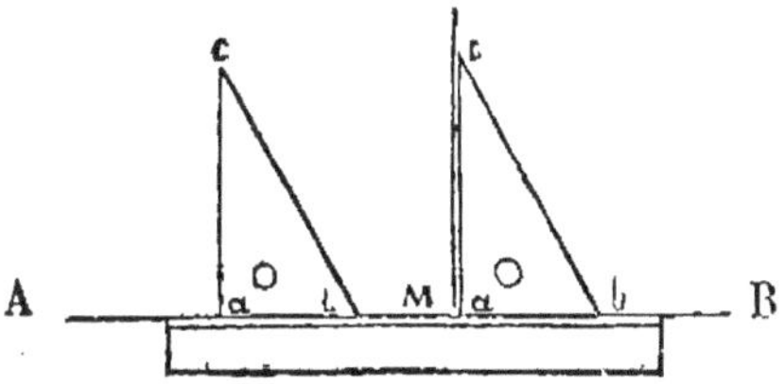

Fig. 15.

L'équerre sert à tracer des perpendiculaires et des parallèles. Pour faire aisément ce tracé il faut se servir en même temps d'une règle. On peut alors opérer de deux manières. Supposons, par exemple, qu'il s'agisse d'élever une perpendiculaire au point M de la ligne AB, 1° On pourra poser la règle le long de cette ligne, appuyer l'un des côtés[1] *ab* de l'équerre sur la règle (fig. 15), puis faire mouvoir l'équerre jusqu'à ce que le sommet de l'angle droit vienne à passer par le point M; alors on trace le long du côté *ac* une ligne droite qui est la perpendiculaire demandée.

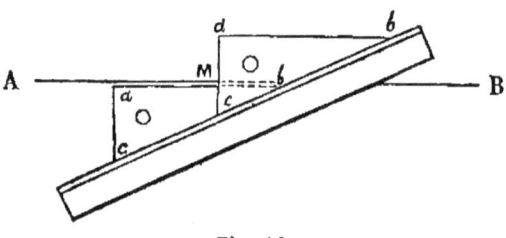

Fig. 16.

2° On pourra poser le côté *ab* de l'équerre le long de la ligne AB et appuyer l'hypothénuse sur la règle; on fera encore glisser l'équerre le long de la règle jusqu'à ce que le côté *ac* passe par le point M, et l'on tracera le long de ce côté. Les deux procédés servent également lorsque le point M est en dehors de la ligne AB.

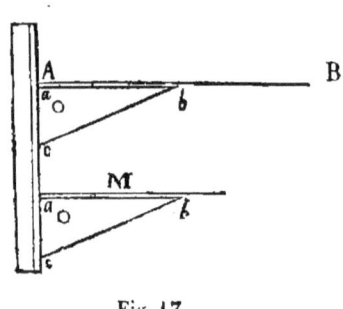

Fig. 17.

Pour mener au moyen de l'équerre une parallèle à une ligne donnée par un point donné il suffit de placer un côté *ab* de l'équerre le long de la ligne donnée, et d'appuyer l'autre côté *ac* contre la règle; on fera ensuite glisser l'équerre jusqu'à ce que le côté *ab* passe par le

---

[1] Quand nous parlons de *côtés*, il s'agit de ceux de l'angle droit. Nous désignerons le troisième côté, comme on fait en géométrie, par le mot *hypothénuse*.

point donné; en traçant alors le long de ce côté, on aura la parallèle demandée.

On peut encore placer la règle le long de l'hypoténuse et faire glisser l'équerre comme plus haut (fig. 18).

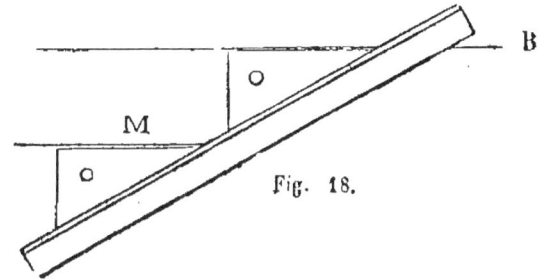

Fig. 18.

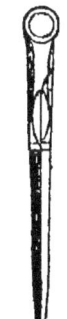

Fig. 19.

Le compas consiste en deux branches d'acier de longueurs égales terminées d'un côté en pointes trempées, et qui se meuvent de l'autre côté autour d'un axe commun. Un tel compas sert à prendre des mesures sur une ligne pour les reporter sur une autre.

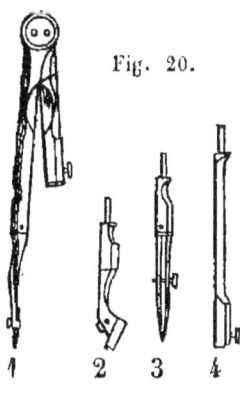

Fig. 20.

Pour faire servir le compas à tracer des circonférences de cercle, on remplace une de ses pointes par une pièce portant un crayon (2) ou par un tireligne (3), selon que l'on veut tracer au crayon ou à l'encre. Ces deux pièces s'engagent dans la branche non terminée et y sont serrées au moyen d'une vis. Nous avons représenté ici une autre sorte de compas (1); au lieu de pointe on a une aiguille serrée par une vis. On peut changer souvent cette aiguille de manière à avoir toujours une pointe neuve. Lorsque la circonférence à tracer a un trop grand diamètre pour l'ouverture du compas, on ajoute une *rallonge* (3).

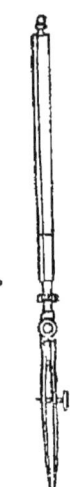

Fig. 21.

Le tireligne se compose de deux lames d'acier terminées en pointe arrondie soudées à leur partie supérieure et traversées en leur milieu par une vis qui peut servir à les serrer l'une contre l'autre. Ces deux lames forment ainsi comme la pointe d'une plume. Dans les bons tirelignes les deux lames ne sont pas soudées; une seule est fixe, l'autre peut tourner autour d'une charnière; cette disposition ne sert qu'à pouvoir aisément nettoyer l'intérieur du tireligne. Le tireligne est surmonté d'un manche lorsqu'il sert à tracer des droites, ou d'une pointe prismatique qui s'engage dans un compas lorsqu'il sert à tracer des cercles (fig. 21).

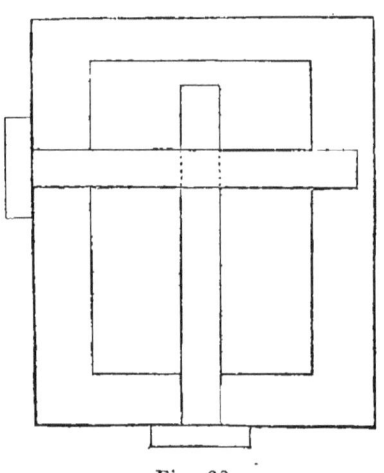

Fig. 22.

En général, les dessinateurs collent sur une planche la feuille de papier sur laquelle ils veulent dessiner. Avant de la coller ainsi, on doit avoir soin de la mouiller; alors la feuille de papier s'étend, et en la collant ainsi étendue, lorsqu'elle vient à sécher elle se rétrécit et finit par être bien tendue dans tous les sens et par suite parfaitement plane. Cette idée de coller les feuilles de papier sur des planches unies a fait naître celle de certaines règles auxquelles leur forme a fait donner le nom de T.

Ces règles se composent de deux pièces de bois perpendiculaires l'une à l'autre. L'une de ces pièces sert de règle, l'autre s'appuye contre le bord de la planche à dessiner. Lorsque cette planche est bien rectangulaire, c'est-à-dire lorsque ses bords sont tous bien perpendiculaires l'un à l'autre, le T peut servir d'équerre. En effet, si l'on mène une ligne en appuyant le T contre l'un des bords, on pourra immédiatement mener une perpendiculaire à cette ligne en appuyant le T sur un des bords perpendiculaires au premier. On a fait subir au T différentes modifications qui permettent de tracer avec cet instrument des perpendiculaires à des lignes dirigées d'une manière quelconque sur le dessin, et même de construire des angles de grandeur donnée. Nous ne nous arrêterons pas à ces instruments dont l'usage n'est réellement pas plus simple que celui de la règle et de l'équerre, et donne certainement beaucoup moins d'exactitude à cause des altérations du bois.

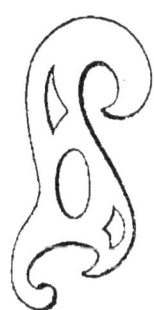

Fig. 23.

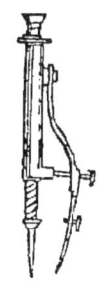

Fig. 24.

Outre ces instruments, règle, équerre, compas, tirelignes, qui sont nécessaires, il en est quelques autres ou quelques variétés des précédents qui sont fort utiles lorsque l'on apporte un grand soin dans les dessins. Tels sont le *pistolet*, qui n'est autre chose qu'une lame fine de bois dans laquelle on a coupé différentes courbes autres que le cercle; le *compas à balustre,* qui sert à tracer de petits cercles (fig. 24), etc.

Pour tracer un dessin à l'encre on emploie de l'*encre de Chine* que l'on délaye dans un godet où l'on a mis une goutte d'eau; on en ajoute peu à peu une plus grande quantité. Il faut frotter doucement pour éviter la formation de grumeaux qui en pénétrant entre les deux lames du tireligne empêcheraient celui-ci de tracer des traits bien purs et bien égaux. Pour imbiber le tireligne d'une quantité d'encre suffisante, lorsque celle-ci est bien épaisse, il faut d'abord plonger le bout du tireligne dans l'eau ; l'encre s'élève mieux alors le long des lames mouillées. Il faut aussi avoir soin d'essuyer l'extérieur des lames du tireligne pour éviter que l'encre ne s'attache à la règle et de là ne souille le papier. On renouvelle son encre le plus souvent possible.

Le tracé doit se faire lentement en appuyant faiblement et bien perpendiculairement sur le papier ; en traçant trop vite, l'encre n'a pas le temps de sortir du tireligne et la ligne présente des solutions de continuité. Les mêmes précautions doivent être prises pour le tracé des cercles au moyen du compas à tireligne : c'est pourquoi le tireligne de ce compas peut se plier ; on peut ainsi le mettre toujours perpendiculaire au papier. Dans les dessins soignés on met sous la pointe du compas un petit morceau de corne, aussi bien pour le tracé au crayon que pour le tracé à l'encre. On évite ainsi que le papier se perce, ce qui est laid d'abord, et ensuite produit un déplacement du centre.

## DESSIN DES FIGURES GÉOMÉTRIQUES.

Le dessin des figures géométriques se présente naturellement le premier, comme exercice, à cause de sa simplicité. Mais malgré ou plutôt à cause même de cette simplicité, ce dessin exige beaucoup de soin. En effet, les défauts qui peuvent en affecter les détails sont d'autant plus évidents que ces détails sont moins nombreux : ainsi, les plus faibles inexactitudes, les plus légères fautes de tracé que l'on découvrirait avec peine dans un dessin compliqué sont très-visibles dans une simple figure. C'est pourquoi ce premier exercice de dessin est d'une extrême utilité, et mérite que l'on y consacre beaucoup de temps et de travail ; en outre il habitue à la patience, cette vertu si nécessaire au dessinateur : on a facilement le courage de recommencer une figure de géométrie, et l'on s'habitue à ne pas reculer devant cette nécessité si fréquente de recommencer une œuvre avancée.

Nous avons déjà dit comment on traçait des perpendiculaires et des parallèles au moyen de l'équerre. Dans les dessins très-exacts et surtout lorsque l'on a à tracer de longues lignes, il vaut mieux employer la méthode géométrique, c'est-à-dire déterminer les directions par des intersections d'arcs de cercle (Voir *Géométrie*). On voit aussi, en géométrie, comment on construit les principaux polygones, les triangles scalènes, isocèles, équilatéraux et rectangles, les parallélogrammes, les carrés, etc. Quant aux polygones réguliers, on a vu qu'on les construit en les inscrivant dans des circonférences. Lorsque l'on a à construire un hexagone, on emploie dans le dessin linéaire la méthode géométrique, puisque l'on a immédiatement, par cette méthode, le moyen de diviser la circonférence en six parties égales en prenant pour ouverture de compas la longueur du rayon.

Les polygones de huit, de seize, de trente-deux, etc., côtés se construisent en divisant successivement en deux les arcs sous-tendus par les côtés des polygones de quatre, de huit, de seize, etc., côtés. Ainsi, pour avoir un polygone de huit côtés, ou, ce qui revient au même, pour diviser la circonférence en huit parties égales, on commence par la diviser en quatre, ce qui se fait en menant deux diamètres perpendiculaires, puis on divise chaque quart en deux ; on peut faire cette division à tâtons au moyen du compas, ou la faire en menant par le centre du cercle des perpendiculaires aux cordes qui sous-tendent chaque quart de circonférence. Pour diviser la circonférence en douze, vingt-quatre, etc., parties égales, on divise d'abord en six, comme nous l'avons dit plus haut, puis on divise successivement chaque sixième en deux : on a ainsi la division en douze ; en divisant en

14 DESSIN LINÉAIRE.

deux chaque douzième on a la division en vingt-quatre, et ainsi de suite. Pour diviser la circonférence en cinq on opère à tâtons. On prend une ouverture de compas un peu plus grande que le rayon du cercle, et en portant cinq fois cette ouverture sur la circonférence on reconnait si elle est trop grande ou trop petite, et en la corrigeant successivement on obtient bientôt l'ouverture nécessaire. On peut ensuite avoir la division en dix en divisant en deux chaque dixième, etc. En général, sauf la division de la circonférence en trois, ce qui se fait au moyen de la division en six, toutes les divisions d'arcs ou de circonférences en un nombre impair de parties se font à tâtons. Pour diviser un arc en trois parties il faut aussi opérer à tâtons. Il est presque inutile de dire que ces divisions à tâtons doivent se faire en portant très-légèrement le compas sur le papier, de manière à ne laisser aucune trace ; ce n'est que lorsque l'on a l'ouverture du compas exacte que l'on laisse de légères traces indicatrices sur le cercle.

Comme exercices de dessin de figures géométriques, nous allons indiquer la construction de quelques courbes qui se rencontrent quelquefois dans les dessins de machines, et souvent dans les dessins d'architecture.

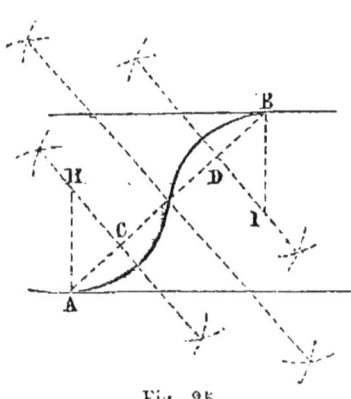

Fig. 25.

Ainsi l'on rencontre souvent dans le bas des colonnes une courbe formée de deux arcs de cercle tangents l'un à l'autre, et tangents en même temps à deux parallèles ; on a les deux parallèles et les deux points de contact A et B. Joignons ces points par une ligne droite, et divisons cette droite en quatre parties égales ; aux points C et D élevons des perpendiculaires à la droite AB; en même temps, par les points A et B élevons des perpendiculaires aux deux parallèles, nous obtiendrons les points I et H, qui seront les centres des deux arcs de cercle que nous décrirons avec les rayons égaux AH, BI; nous aurons ainsi la courbe cherchée, qui devra passer exactement par le milieu de la droite AB.

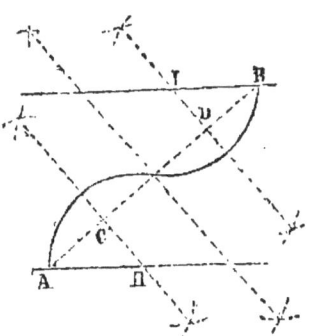

Fig. 26.

On construit d'une manière analogue la courbe nommée *talon*; les centres des deux arcs de cercle se trouvent à l'intersection des parallèles avec les perpendiculaires élevées aux points C et D, analogues aux précédents, et les rayons sont AH, BI.

Soit à construire la courbe appelée *scotie*, entre deux parallèles AB, CD, qu'elle doit toucher aux points A et C. Cette courbe se compose d'une suite d'arcs de cercle que l'on construit de la manière suivante : On mène en un point quelconque la perpendiculaire BD aux deux parallèles; on la divise en trois parties égales; par la division *m* on mène une parallèle aux deux droites données.

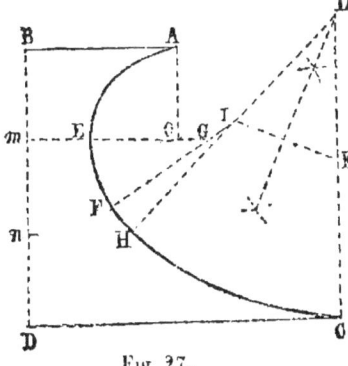

Fig 27.

Au point A on élève une perpendiculaire à la droite AB; puis, du point O comme centre, avec AO pour rayon, on décrit un quart de circonférence; divisons EO en trois parties égales, puis portons une de ces parties de O en G; de G comme centre, et avec EG pour rayons décrivons l'arc de cercle EF, sur lequel nous portons une longueur égale à la moitié de l'arc EA; joignons F et G, et portons la longueur OG de G en I; de I comme centre avec IF comme rayon, décrivons FH. Élevons CL perpendiculaire à CD, et portons CK égale à IF; joignons IK, et sur le milieu de IK élevons une perpendiculaire; du point d'intersection L, avec CL comme rayon, décrivons un dernier arc de cercle, et la courbe sera achevée.

On peut tracer une courbe analogue à la précédente de la manière suivante : Sur AC comme diamètre décrivons une demi-circonférence; divisons AC en un certain nombre de parties égales, en huit par exemple, et par les points de division élevons des perpendiculaires à AC, et menons des parallèles à nos deux droites.

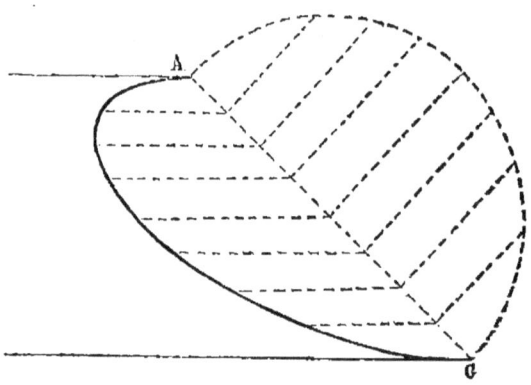

Fig. 28.

Portons sur les parallèles des longueurs égales à celles des perpendiculaires, et joignons les points ainsi obtenus par une courbe continue; ce sera la courbe cherchée.

L'*ellipse* est une courbe qui se rencontre souvent dans le dessin, surtout dans les projections; on la construit

DESSIN LINÉAIRE.           17

...métriquement de la manière suivante : Soient AB,
... les deux axes ; à l'extrémité C du petit axe, avec la
... ...itié du grand axe comme rayon, on décrit un arc de

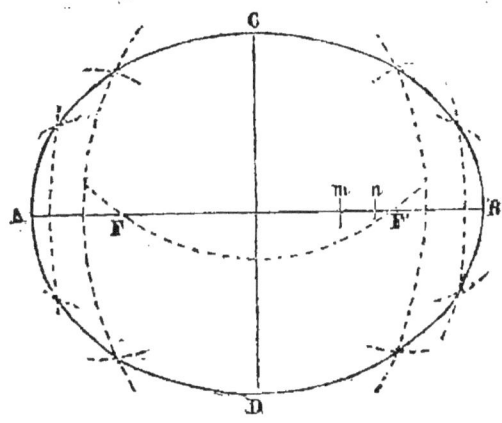

Fig. 29.

...rcle qui coupe le grand axe en deux points ; ce sont les
...ers. On sait que la somme des distances d'un point
... ...lconque de l'ellipse aux foyers est égale au grand
... ... Partant de là, on prend une longueur A$m$ sur le
... ...nd axe, et avec cette longueur comme rayon on dé-
... ...t du point F, puis du point F' comme centres, deux
... ...s de cercle ; avec la portion restante $m$B du grand
... ... pour rayon et des points F, F', on décrit deux arcs
... cercle ; on a ainsi quatre points d'intersection qui
... ...t des points de la courbe. En prenant successivement
... ...utres longueurs sur le grand axe, on aura autant de
... ...nts de la courbe que l'on voudra, et l'on joindra ces
... ...nts par une courbe continue ; l'ellipse sera tracée.
... ...us verrons plus loin un moyen plus simple de cons-
... ...uire une ellipse. Nous avons indiqué le moyen précé-
... ...t comme plus géométrique.
   Il existe une courbe approchant beaucoup de l'ellipse

et que l'on peut construire au moyen d'arcs de cercle. Soient toujours AB, CD les deux axes. De leur point d'intersection O, avec le demi-petit axe pour rayon, décrivons une circonférence ; tirons AC, et portons de C en E la longueur AG, égale à la différence des deux demi-

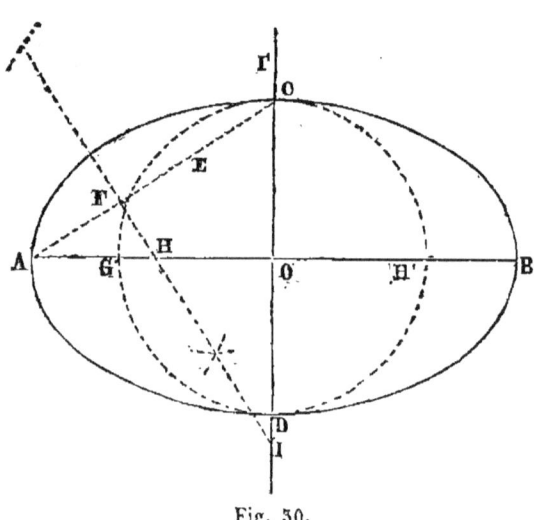

Fig. 30.

axes. Au milieu de la portion restante AE de AC élevons une perpendiculaire ; elle ira couper les axes en H et en I. Du point H, comme centre, avec HA pour rayon, nous décrivons un arc de cercle ; de même du point I avec IC pour rayon. Enfin, nous traçons deux arcs de cercle semblables en prenant pour centres les points H', I', analogues à H et I. La réunion de ces arcs de cercle formera une courbe semblable à l'ellipse.

## PROJECTIONS.

On appelle *projection* d'un point sur un plan le pied de la perpendiculaire abaissée de ce point sur le plan (fig. 31). Une ligne quelconque, droite ou courbe, étant un composé de points, sa projection est la ligne qui réunit les pieds de toutes les perpendiculaires abaissées de ses différents points. Si le plan de la projection est horizontal, on dira que cette projection est *horizontale*; s'il est vertical, on dira que cette projection est *verticale*.

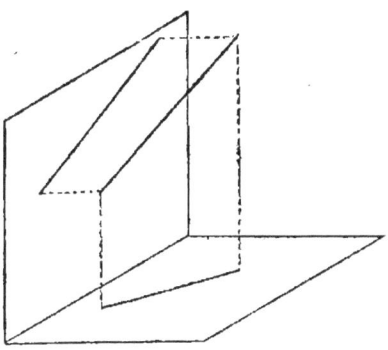

Fig. 31.

D'après cela il est évident que la réunion de deux projections donne la position de la ligne dans l'espace, puisqu'elle est l'intersection des plans projetants si elle est droite, et l'intersection des cylindres de projection lorsqu'elle est courbe.

La projection d'un corps sur un plan est l'ensemble des projections de ses contours sur ce plan. La projection sur un plan horizontal d'un cylindre vertical est sa base, sa projection sur un plan vertical est un rectangle.

On désigne sous le nom d'*élévation* une projection verticale qui fait voir le côté principal d'une construction, comme la façade d'un bâtiment; on la distingue d'une autre projection verticale que l'on nomme *profil*, et qui est faite sur un plan vertical perpendiculaire au premier. Les projections horizontales prennent toujours le nom de *plan*.

Pour faire connaître l'intérieur d'une construction ou d'une machine on suppose celles-ci coupées par un plan, ou par quelques plans, s'il en est besoin, et l'on dessine l'intersection ou les intersections qui en résultent et qui s'appellent des *coupes*.

Lorsque l'on connaît le plan et l'élévation d'un corps on construit facilement sa projection sur un plan quelconque. Ainsi, considérant une simple figure, un cercle, par exemple, situé dans un plan vertical ; la projection de ce cercle sur un plan horizontal sera une ligne droite AB égale au diamètre. Le cercle lui-même sera son élévation; la droite sera son plan. Supposons maintenant que l'on veuille avoir la projection du cercle sur un plan perpendiculaire au plan vertical, mais non horizontal. Ce plan sera représenté par la ligne CD, le plan de la figure étant pris pour plan vertical. Portons sur la ligne CD le diamètre AB en A'B'. Nous aurons d'abord la projection O' du centre O, en remarquant que ce point O' devra se trouver sur la verticale menée par le point M' correspondant au point M qui est la projection horizontale du centre O, et sur l'horizontale menée pour ce centre O.

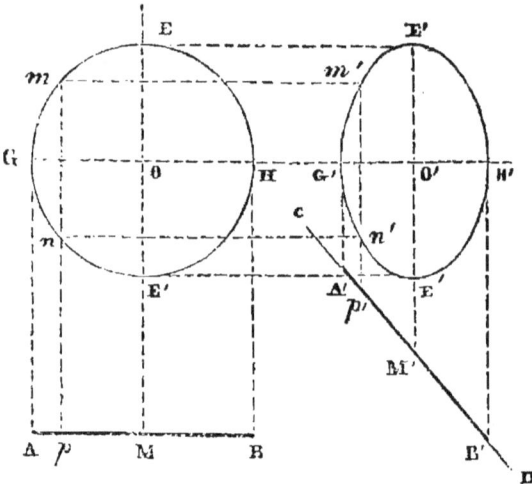

Fig. 52.

De même les points $m$ et $n$ se projetant horizontalement en $p$ sur AB devront dans la projection oblique du cercle se trouver sur la verticale menée par le point $p'$ correspondant à $p$, et en même temps sur les horizontales menées par les points $m$ et $n$. Ils seront donc projetés en $m'$ et $n'$. En construisant ainsi les projections de plusieurs points du cercle, on aura la projection de celui-ci

Mais on peut abréger considérablement l'opération, parce que l'on sait que la projection d'un cercle sur un plan oblique au sien est une courbe connue et appelée *ellipse*. Cette courbe se construit facilement lorsque l'on connaît son plus grand et son plus petit diamètre, ses *axes*, qui dans la figure 32 sont les droites E'F', G'H' déterminées par les projections des points E, F, G. H. Pour construire une ellipse dont on connaît les axes, on emploie ordinairement le moyen suivant : Soit *ab* le grand axe d'une ellipse; au milieu *o* de cet axe élevons une perpendiculaire, et des deux côtés du point *o* portons la moitié du petit axe; *cd* sera alors ce petit axe.

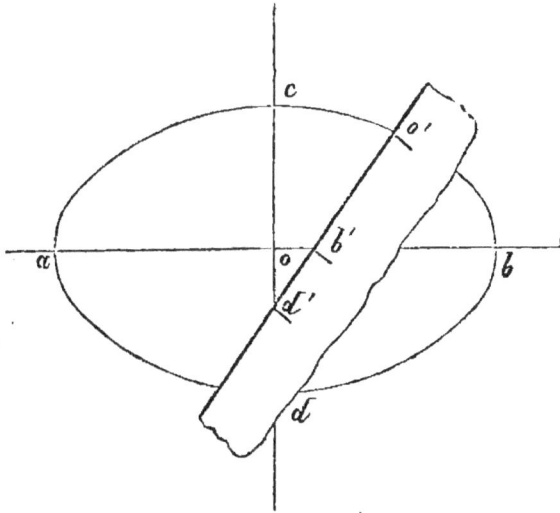

Fig. 33.

Nous prenons maintenant une bande de papier, et à partir d'un même point nous posons sur cette bande la longueur *ob*, *od* des deux demi-axes. Il suffit ensuite d'appliquer les deux extrémités *b'* et *d'* de la différence de ces longueurs sur les côtés d'un des angles droits des deux axes. L'extrémité *o'* sera un point de la courbe que l'on marquera au crayon; on aura ainsi autant de points qu'on voudra en faisant tourner la bande de papier de manière que les deux points $b'$, et $d'$ soient toujours sur les deux côtés d'un angle droit. En passant successivement d'un angle droit à un autre on pourra obtenir des points de toute l'ellipse, et en réunissant ces points par une courbe bien régulière on aura la courbe. L'instrument appelé *compas à ellipse* n'est qu'une application de ce procédé.

Considérons maintenant un corps, par exemple une pyramide à base hexagonale. La projection horizontale sera un hexagone : les diagonales de cet hexagone représenteront les arêtes de la pyramide. La projection verticale sera un ensemble de triangles formés par la

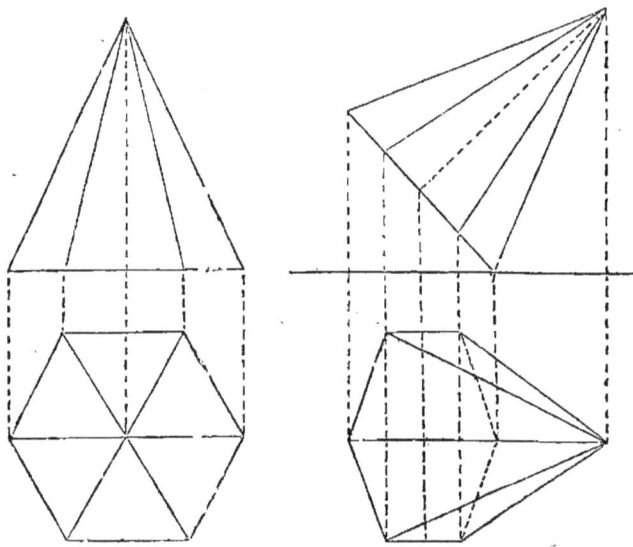

Fig. 34.

projection de la base, qui est une ligne droite, avec les projections des arêtes ; on voit suffisamment par les figures comment s'obtiennent ces projections des arêtes quand on connaît la hauteur de la pyramide, et par suite son sommet.

Supposons maintenant qu'on veuille avoir la projection de la pyramide sur un plan incliné sur le plan horizontal. Nous inclinerons la projection verticale de manière à ce que sa base fasse, avec l'horizontale qui sépare les deux projections, et que l'on appelle *ligne de terre*, un angle égal à l'inclinaison du nouveau plan de projection sur le plan horizontal : par les points de la projection horizontale précédente nous mènerons des horizontales, et par les points de la nouvelle projection verticale nous mènerons des verticales. Les intersections de ces horizontales et de ces verticales détermineront complétement la projection cherchée. Nous avons *ponctué*, c'est-à-dire tracé en points, deux côtés de la base de cette projection, parce que ces côtés sont cachés par les faces de la pyramide.

Quant aux lignes que nous avons tracées en *pointillé*, c'est-à-dire en petits traits interrompus, ce sont les lignes auxiliaires qui n'appartiennent pas au corps ; il y a plusieurs manières d'indiquer les lignes de construction en pointillé : en séparant les petits traits interrompus par un point, deux points, trois points, etc.

Soit maintenant un corps rond, un cylindre vertical, par exemple. Le plan de ce corps sera sa base, que nous supposerons un cercle ; l'élévation sera un rectangle. Si nous voulons avoir la projection du cylindre sur un plan dont la direction est représentée par la ligne CD, nous devrons construire l'élévation suivant cette ligne comme axe, comme elle l'était suivant la ligne AB; dessous et de côté nous placerons le plan du cylindre, c'est-à-dire le cercle qui lui sert de base. Nous n'aurons plus qu'à mener des verticales tangentes au cercle et des horizontales par les quatre sommets du rectangle incliné. Dans les deux petits rectangles que forment ces droites on inscrit des ellipses, pour cela il suffit de mener des droites par le milieu des côtés verticaux ; ces droites forment avec les parties de la droite CD les axes des ellipses, que l'on construit alors comme précédemment. Il y aura la moitié d'une ellipse que l'on devra *ponctuer*; c'est la

# 24 DESSIN LINÉAIRE.

partie que l'on ne voit pas lorsque l'on regarde horizontalement le cylindre incliné. Nous avons ponctué ici comme si l'on voyait le cylindre incliné en se plaçant à

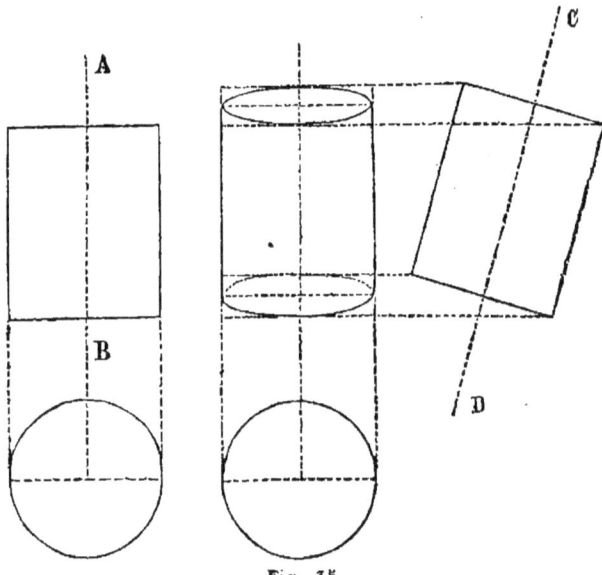

Fig. 35.

droite, ou comme si l'on regardait d'en haut le cylindre droit.

Il est très-utile de s'habituer au dessin de projections ; il faut surtout s'attacher à en bien comprendre les principes, car en définitive tout est projection dans le dessin. Lorsque l'on a une idée bien claire de la manière dont un corps doit se projeter sur un certain plan et de la manière de passer d'une projection à une autre projection, on peut sans peine dessiner un corps sous toutes ses faces, et dans toutes ses positions relatives à d'autres corps ; ainsi, l'on peut sans peine, au moyen des projections, déterminer la courbe d'intersection de deux corps donnés. C'est là un sujet très-riche en dessins très-beaux, mais aussi très-difficiles. Nous ne considérerons de cet emploi des projections qu'un seul exemple fort simple, l'intersection d'une pyramide par un plan. Nous supposerons, pour plus de simplicité, ce plan perpendiculaire au plan vertical, de sorte qu'il se projettera verticalement suivant une ligne droite. On voit facilement comment l'on a les deux projections de

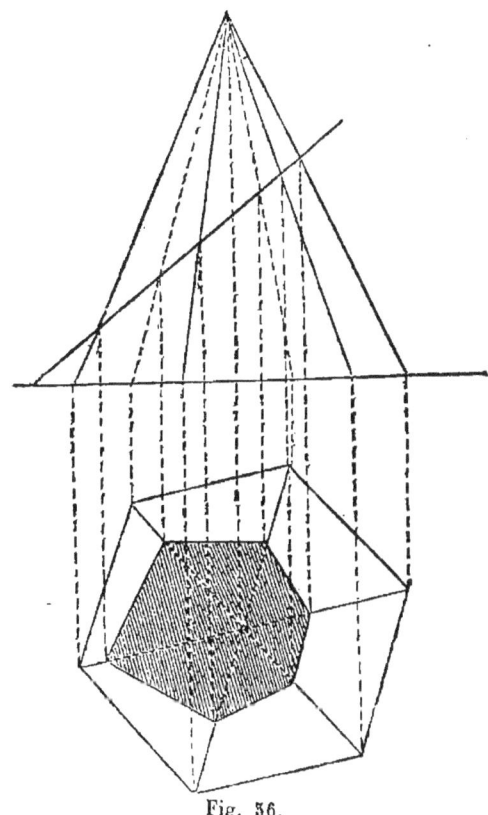

Fig. 56.

la pyramide, et comment on construit l'intersection cherchée; il suffit de projeter les intersections de la projection verticale du plan sécant avec les projections verticales des arêtes sur les projections horizontales de ces arêtes; en joignant les points ainsi obtenus on aura ur.

hexagone non régulier qui sera l'intersection cherchée. Nous avons tracé dans cette intersection des hachures parallèles pour mieux la faire ressortir ; on le fait en général pour toutes les intersections de corps solides par un plan.

Il est une courbe fort importante, en ce qu'elle est la courbe de la vis, c'est l'*hélice*; c'est la courbe tracée sur la surface d'un cylindre droit à base circulaire par un point qui tourne en s'élevant autour du cylindre.

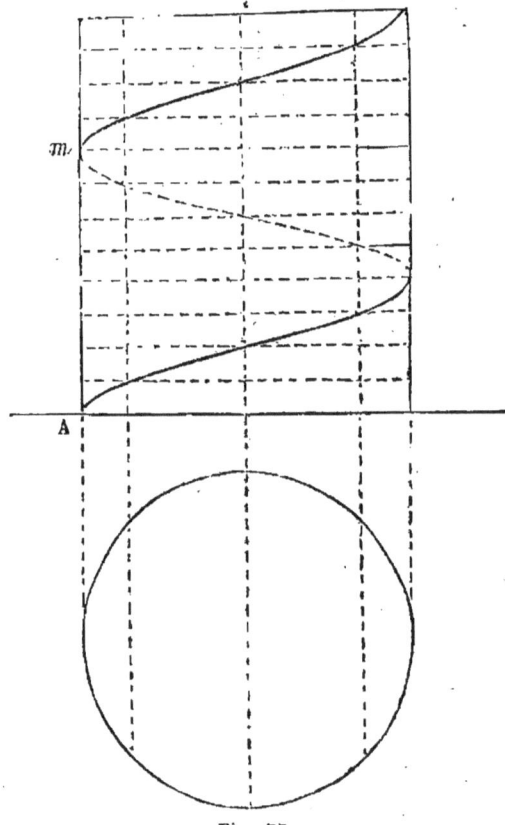

Fig. 37.

Cette courbe, n'étant pas une courbe plane, doit se représenter par ses deux projections ; c'est pourquoi nous avons différé jusqu'ici pour indiquer sa construction.

Selon la vitesse avec laquelle le point s'élève, il se trouve, lorsqu'il a fait un tour entier du cylindre, avoir parcouru une plus ou moins grande hauteur ; cette hauteur s'appelle le *pas de l'hélice;* il suffit de connaître cette hauteur et la base du cylindre pour construire l'hélice. En effet, comme le mouvement du point est uniforme, il arrive que lorsqu'il a parcouru un quart, par exemple, de la hauteur du pas, il se trouve au quart de sa révolution autour du cylindre. Par conséquent, il nous suffira de diviser la circonférence de la base, et le pas A$m$ de l'hélice en un même nombre de parties égales, en huit, par exemple. Par les divisions du pas on mène des horizontales, par les divisions de la circonférence des verticales. Le point d'intersection de la verticale de la première division de la circonférence avec l'horizontale de la première division du pas donnera un point de l'hélice, et de même pour les autres. On joindra ces points par une ligne continue, et on aura l'hélice, que l'on pourra prolonger indéfiniment en ajoutant de nouvelles hauteurs de pas. Nous avons ponctué une partie de l'hélice parce qu'elle est supposée cachée derrière le cylindre.

## DESSIN DE MACHINES.

L'exactitude et la netteté sont deux conditions essentielles d'un dessin de machine. On commence toujours par tracer ce dessin au crayon. On y est forcé parce que l'on a à tracer un grand nombre de lignes auxiliaires qui n'existent nullement dans l'objet que l'on dessine, mais qui sont nécessaires pour l'exactitude et la facilité du dessin. Lorsque le dessin au crayon est terminé on ne s'occupe plus de ces lignes, on ne trace que celles qui appartiennent à l'objet que l'on dessine ; lorsque celles-ci sont tracées on efface toutes les traces de crayon, et le dessin est achevé.

## De la Vis.

Comme nous venons d'apprendre à tracer une hélice, notre premier détail de machines sera une application de ce tracé; nous allons indiquer comment on construit une vis. Il y a deux espèces principales de vis, la *vis à*

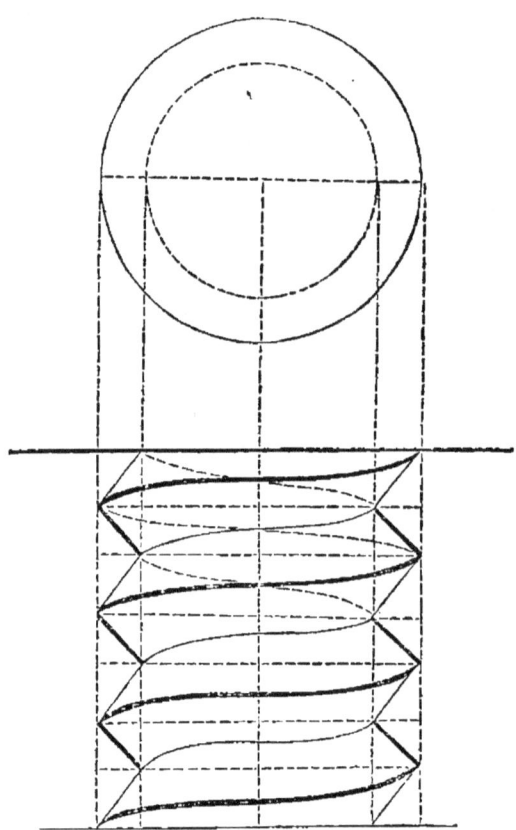

Fig. 38.

*filet triangulaire*, et la *vis à filet rectangulaire*. La première est le corps qu'engendrerait un triangle isocèle en tournant autour d'un cylindre le long d'une hélice, de manière à ce que son plan soit toujours perpendiculaire à la surface du cylindre. La seconde espèce de vis est le corps qu'engendrerait de même un rectangle. La construction de ces deux espèces de vis étant basée sur les mêmes principes, nous nous contenterons d'indiquer celle de la vis à filet triangulaire. Cette construction est d'ailleurs fort simple : on n'a qu'à tracer deux hélices ayant toutes deux le même pas, mais enroulées sur deux cylindres différents. Ces cylindres étant donnés, ainsi que le pas de la vis qui est celui des hélices, on pourra donc construire celles-ci, en remarquant seulement qu'elles tournent en sens contraire l'une de l'autre. Il ne reste plus qu'à joindre par des lignes droites les extrémités des demi-tours des deux hélices, ou, ce qui revient au même, les intersections des arêtes des deux cylindres avec les horizontales menées par les extrémités et par les milieux des hauteurs de pas. On devra ponctuer la partie des hélices qui se trouve derrière la vis. On pourra même, dans le tracé, omettre tout-à-fait cette partie.

### ROUES D'ENGRENAGE.

Nous allons prendre comme exemple une pièce qui entre dans presque toutes les machines, une *roue d'engrenage*. Il y en a deux espèces principales : les roues d'engrenage ordinaires, qui sont plates comme les roues ordinaires, et les roues d'engrenage *coniques;* dans les premières les dents sont taillées perpendiculairement aux deux surfaces de la roue, et leurs lignes droites vont passer par les centres de ces surfaces. Ces roues ne sont ainsi que des cylindres peu élevés dans lesquels on a taillé des dents. Dans les roues coniques les dents sont inclinées sur les deux bases de la roue, et leurs lignes droites vont passer sur un point situé au-dessus des centres des bases, et qui est ainsi le sommet de plusieurs cônes. Nous allons dessiner ces deux sortes de roues d'engrenage. Comme nous ne pouvons reproduire ici le dessin au crayon, nous tracerons au pointillé les lignes que l'on ne devra pas tracer à l'encre, puis nous met-

# 30 DESSIN LINÉAIRE.

trons à part le tracé comme si toutes les lignes au crayon avaient été effacées.

Supposons que nous ayons le croquis d'une roue d'engrenage cylindrique, nous pourrons dessiner cette roue en telle grandeur que nous voudrons, en nous servant d'une *échelle*, c'est-à-dire d'une droite divisée. Admettons, par exemple, que nous voulions dessiner la roue en

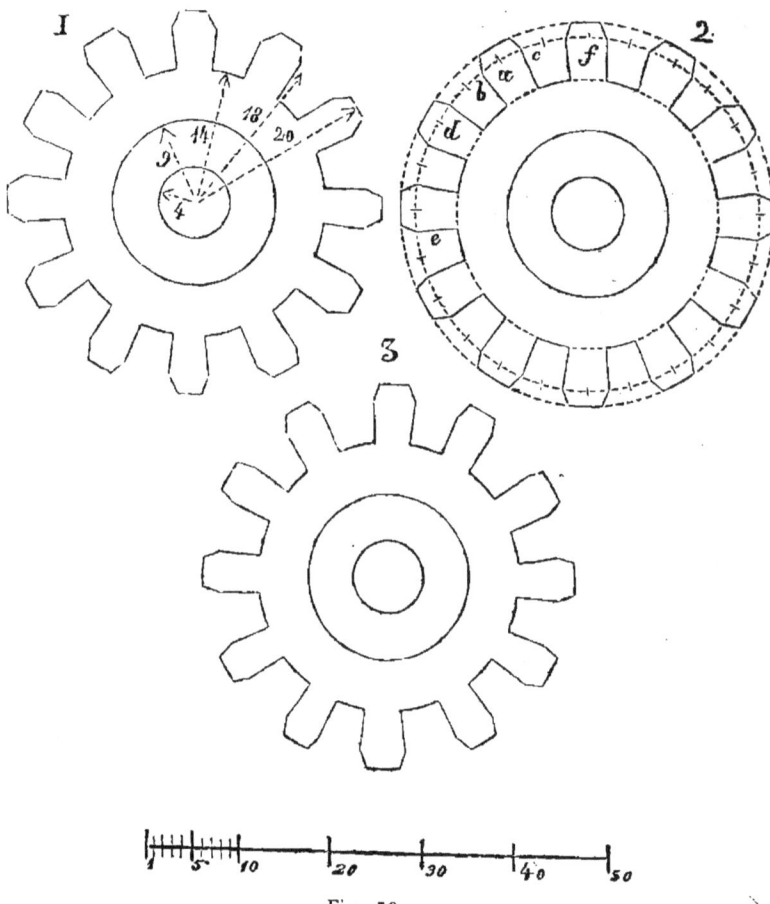

Fig. 39.

lui donnant une grandeur dix fois plus petite que sa grandeur naturelle; nous porterons sur une ligne droite des divisions égales à un centimètre, et nous partagerons l'une d'elles en dix parties égales. Les premières divisions marqueront des décimètres, et les secondes des centimètres. Alors, si les indications du croquis sont faites en centimètres, comme nous le supposerons, nous prendrons ces mesures sur l'échelle, et la roue que nous construirons sera réduite au dixième de sa grandeur naturelle. Voici maintenant comment nous opérerons :

Avec des rayons égaux à ceux qui nous sont indiqués sur le croquis, c'est-à-dire à 4, 9, 14, 18, 20 divisions de l'échelle, nous décrirons des cercles concentriques ; nous passerons ensuite à la construction des dents : remarquons qu'il y a 12 dents, et que l'intervalle de deux dents est égal à leur épaisseur ; d'après cela, il nous suffira de diviser la troisième ou la quatrième circonférence en 12 parties égales, puis chacune de ces parties en 4. Des deux côtés de chacune des premières divisions, telle que $a$, par exemple, nous mènerons par les deux secondes divisions avoisinantes ($b$ et $c$) des droites dirigées vers le centre des cercles. Nous pourrons arrêter ces droites entre la troisième et la quatrième circonférence, parce que nous savons d'avance qu'elles doivent être comprises entre elles. Nous avons ainsi les côtés rectilignes des dents, il ne nous reste plus qu'à tracer les petits arcs de cercle qui continuent ces côtés. On les trace en plaçant la pointe fixe du compas sur une des divisions en 12, et l'autre pointe sur la cinquième des petites divisions à partir de celle prise pour centre. On tracera ainsi deux arcs à chaque division. Ainsi, en plaçant la pointe fixe du compas en $d$, et prenant pour rayon la distance $dc$, on tracera le petit arc en $c$ et le petit arc en $e$. En prenant successivement pour centre chacune des divisions en 12, on construira toutes les dents, et le dessin sera achevé. On peut simplifier ce dessin en traçant d'abord les petits arcs de cercle précédents ; il suffit alors de diviser en 4 seulement une des divisions en 12, et non pas toutes ces divisions, ce qui est une opération assez longue ; supposons, par exemple, que l'on ait divisé seulement la division $af$, on pourra, en prenant pour rayon la distance $dc$ et pour centres successivement toutes les divisions en 12, tracer tous les petits arcs précédents; la division en 48 se sera faite d'elle-même en même temps, et l'on pourra mener les petites lignes droites des dents par les extrémités des petits arcs.

Quant au tracé à l'encre, il se conçoit aisément par l'observation de la figure 39, 3 ; on voit qu'il ne faut tracer entièrement que les deux premières circonférences. La troisième ne doit se tracer qu'entre les dents; la quatrième, quoique nous ayant été fort utile, ne doit pas être tracée du tout ; enfin la dernière ne doit se tracer que là où elle fait partie des dents.

Nous venons de construire là l'élévation d'une roue d'engrenage cylindrique verticale; nous allons maintenant en construire le plan. Cela nous sera facile, car l'élévation de tout corps se déduit aisément du plan, et réciproquement le plan de l'élévation, lorsque l'on connaît certaines dimensions. Ainsi étant donnée l'élévation d'une roue d'engrenage, nous pourrons aisément en déduire le plan de cette roue si nous connaissons son épaisseur. Il nous suffira de mener la verticale AB par le centre de la roue, puis deux perpendiculaires à cette ligne, distantes entre elles d'une longueur égale à l'épaisseur de la roue. Il ne restera plus qu'à abaisser des perpendiculaires sur ces deux lignes ou des parallèles à la verticale, par tous les points extérieurs de la roue, c'est-à-dire par tous les points tels que les verticales qui y passent ne rencontrent au-dessous de ces points aucune partie de la roue. Nous avons dessiné une roue d'engrenage différente par les détails de la précédente. Comme le dessin de ces détails est facile à saisir, nous nous contenterons de les poser comme un autre exemple sans les expliquer. Nous n'avons pas non plus fait usage d'échelle ni de croquis, parce que nous supposons cet usage sous-entendu, et qu'il est désormais superflu pour nous, dont les dessins ne sont que des exemples et non pas des copies d'objets réels.

# DESSIN LINÉAIRE. 33

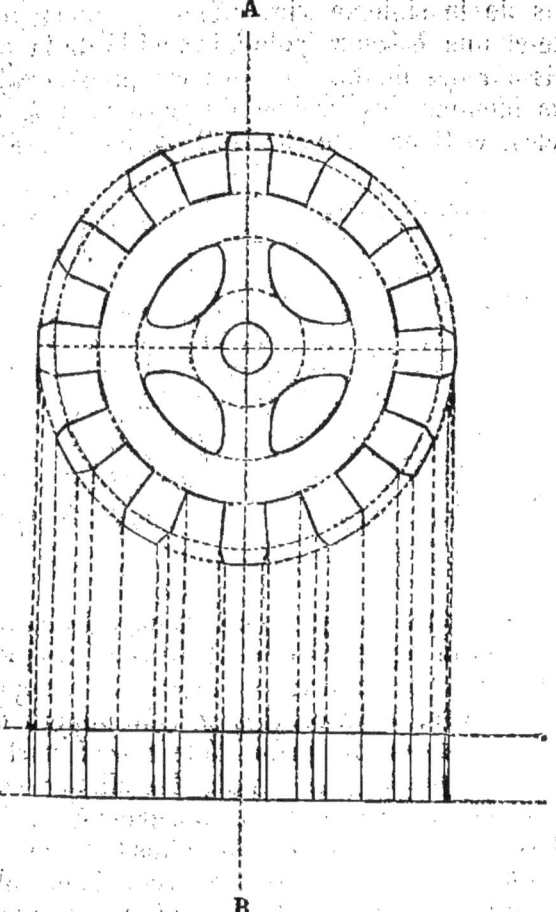

Fig. 40.

Proposons-nous maintenant de construire une roue l'engrenage conique. Avec les rayons indiqués par un croquis traçons les sept cercles de la figure, divisons en 12 la sixième et la septième circonférence. Des deux côtés de chacune des divisions de la septième circonférence nous portons une largeur qui est égale à la moitié de la plus grande largeur de la surface extérieure des dents; des deux côtés de chacune des divi-

3

sions de la sixième circonférence, nous portons sur celle-ci une largeur égale à la moitié de la plus grande épaisseur des dents. Par tous les points ainsi obtenus nous menons des droites dirigées vers le centre des cercles, et il ne reste plus qu'à tracer les petits arcs qui

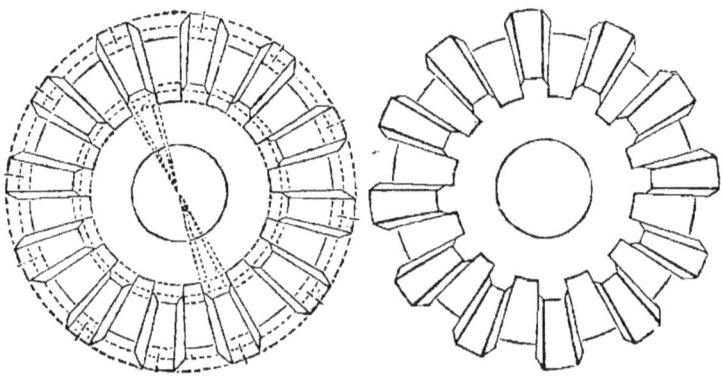

Fig. 41.

joignent les points que nous venons de marquer sur la sixième et la septième circonférence. Lorsque le dessin est petit ces petits arcs se tracent à la main; dans le cas contraire, leurs centres se déterminent facilement.

Nous avons encore présenté le tracé à part parce que c'est le moyen le plus simple d'expliquer comment il doit se faire. On voit que la troisième et la sixième circonférence ne paraissent plus dans le tracé.

Il y a à faire sur les dessins précédents une observation qui à la fois les facilite et les vérifie : c'est que si le dessin est exact, les côtés de deux dents diamétralement apposés sont en ligne droite deux à deux. On doit donc pouvoir tracer toujours deux dents à la fois, lorsque le nombre de dents est pair.

Le plan d'une roue conique se construit aussi très-facilement lorsque l'on connaît son élévation et les distances des plans des principaux cercles de la roue. Il nous suffit de connaître les plans des cercles $cd$, $ab$ qui terminent la surface extérieure des dents, et le cercle $gh$ qui est le cercle inférieur de la roue, et qui ne figure pas dans l'élévation, parce qu'il est caché par la partie supérieure de la roue. Ces trois cercles déterminent complétement les deux troncs de cône qui forment la roue, et dans lesquels sont taillées les dents. En menant des horizontales distantes entre elles des distances connues des plans de ces cercles, et projetant ces cercles sur les horizontales, on aura les plans (graphiques) de ces cercles; en

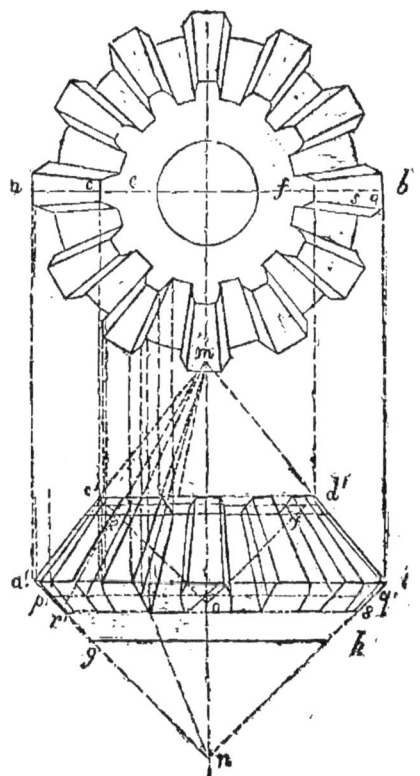

Fig. 42.

joignant les points $a'$ et $c'$, $b'$ et $d'$, $a'$ et $h$, $b'$ et $h$, par des droites, on aura le plan de la roue, abstraction faite des dents, et prolongeant ces droites on aura deux points $m$

et $n$ par lesquels devront passer les lignes droites principales des dents. Les côtés des surfaces telles que $a\,c$ passent par le point $m$, celles des surfaces telles que $a'g$ passent par le point $n$; enfin, pour avoir le point où doivent passer les côtés des surfaces telles que $c\,e$ parallèles au surfaces $a'g$, il suffit de mener par les points $e'$, $f'$, projections des points $e$, $f$, des droites parallèles aux droites $a'n$ et $b'n$; elles se couperont au point $o$, qui sera le point en question. En projetant les points $p$, $q$, $r$, $s$, sur les lignes $an$, $bn$, nous aurons les plans $p'q'$, $r's'$ des cercles auxquels appartiennent ces points, et qui sont le cinquième et le sixième de la figure 41. En joignant les points $r'$, $s'$ au point $m$, et projetant sur les droites points $e$, $f$, on a le plan $e'f'$ du cercle $ef$ qui est le deuxième de la fig. 41; enfin, on aura le troisième cercle de cette figure en le projetant sur les droites qui joignent les points $p'$, $q'$ au point $m$.

Les plans de tous ces cercles étant connus, il ne restera plus qu'à projeter sur ces plans les points de la roue appartenant à ces cercles et à joindre ces points par des droites ou des courbes, comme ils le sont dans l'élévation. Nous n'avons fait cette opération dans la figure 42 que pour une seule dent, cela nous suffit pour faire comprendre le procédé. La figure eût été trop confuse si nous eussions dû projeter toutes les dents.

Nous allons considérer maintenant deux beaux exemples de projections obliques, ce seront les projections des deux espèces de roues d'engrenage précédentes. Le principe de dessin de ces projections est très-simple. Il suffit de donner au plan de la roue l'inclinaison voulue. Il faudra ensuite projeter tous les cercles comme nous l'avons fait précédemment, ce qui donne des ellipses. Sur ces ellipses on projettera ensuite les points qui appartiennent aux cercles correspondants. C'est ainsi que nous avons fait (page 37) la projection oblique de la roue de la figure 40.

Sur le plan de la roue nous avons, pour plus de simplicité, porté seulement les rayons des cercles, et

DESSIN LINÉAIRE. 37

non pas les dents de la roue. Nous n'avons, en effet, pas besoin de celles-ci ; elles nous seront suffisamment données par l'élévation. Nous avons dans cette figure deux catégories d'ellipses, ayant pour centre, les unes le point $m'$, les autres le point $n'$.

Pour éviter de se tromper de centre, il est bon de tracer d'abord toute une catégorie d'ellipses, par exemple celles dont les centres sont au point $m'$ et dont les petits axes sont les projections des points situés sur la droite

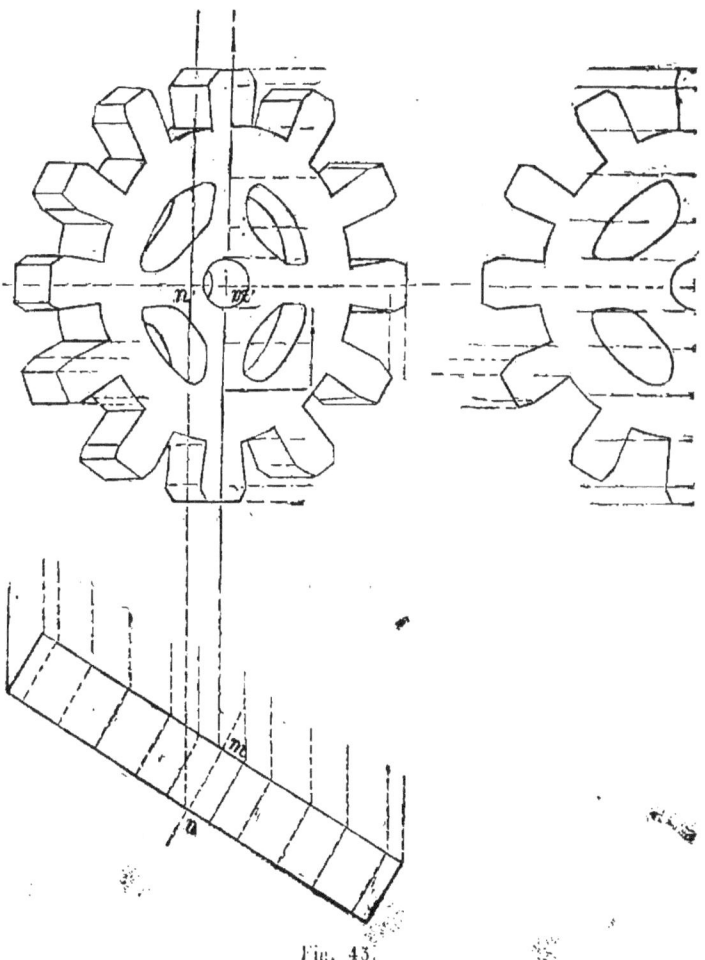

Fig. 43.

qui passe dans le plan par le point $m$ et qui représente la face supérieure de la roue. On tracera ensuite seulement l'autre catégorie d'ellipses. On peut remarquer aussi que les lignes droites des dents iront passer par le poins $m'$ ou le point $n'$, selon qu'elles partiront de points situés sur une ellipse dont le centre est en $m'$ ou sur une ellipse dont le centre est en $n'$.

La projection oblique d'une roue conique (fig. 44)

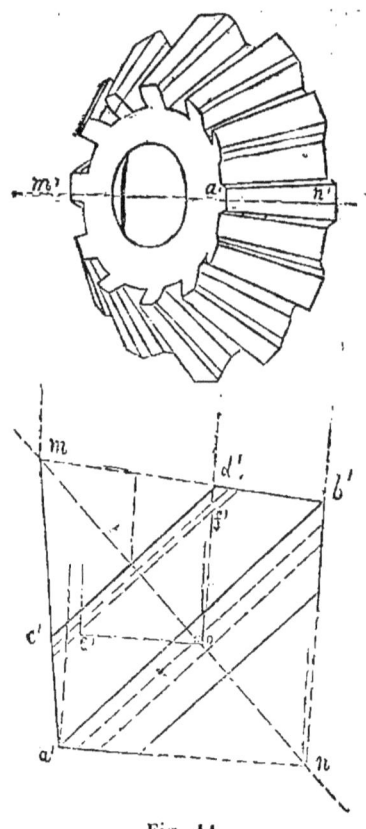

Fig. 44.

se fait à-peu-près de la même manière. Il faut encore projeter les cercles, ce qui nous donnera des ellipses; ici ces ellipses auront toutes différents centres. Outre ces ellipses, nous devrons aussi projeter les points *m*, *n*, *o*, points où passent les côtés rectilignes des dents. Nous n'avons guère reproduit ici que le tracé à l'encre de notre projection, en supprimant même l'élévation qui sert à mener les horizontales projetantes. Ce tracé est ce qu'il importe le plus d'avoir sous les yeux dans ces constructions ; d'un autre côté, nous n'eussions pu faire qu'une figure entièrement embrouillée, si nous avions voulu reproduire seulement les opérations principales de construction. Ces dessins de projections obliques doivent se faire beaucoup plus en grand que nous ne pouvons le faire ici ; autrement il est bien difficile d'y apporter de l'exactitude et de la clarté. Du reste, nous ne conseillons pas aux commençants de chercher dès maintenant à faire ces dessins qui sont fort difficiles. Nous n'en avons parlé en ce moment que comme d'une suite à l'étude des roues d'engrenage, et parce que les principes de cette sorte de dessin étaient, à cette place, plus faciles à comprendre, sinon à mettre en pratique.

Nous allons, comme nouvel exemple de pièces de machines, dessiner un régulateur de machines à vapeur, dont un croquis abrégé nous donne les dimensions principales. Cette pièce sert à régler la sortie de la vapeur. Comme elle est toujours verticale, nous commencerons par tracer une verticale ; sur cette verticale nous porterons une longueur égale à soixante divisions ; en prenant l'extrémité de cette longueur comme centre et avec un rayon de 43 c. (en supposant que les divisions de notre échelle représentent des centimètres), nous tracerons un arc de cercle ; du point où cet arc coupe la verticale et avec un rayon de 14 c., nous décrirons deux arcs de cercle qui couperont le précédent en deux points ; ces deux points seront les centres des boules que nous tracerons en prenant 6 c. pour rayon. Nous joindrons ensuite les centres des boules avec le sommet de la verticale, et nous partagerons ces droites en deux parties égales. Par le point où le grand arc de cercle coupe la verticale, menons une horizontale et portons sur elles des deux côtés une longueur de 3 centimètres ; joignons les points ainsi obtenus avec les milieux des deux droites précédentes. Notre croquis se trouvant ainsi reproduit, il ne restera plus qu'à le compléter comme nous l'avons fait dans la figure précédente. Nous avons encore reproduit le tracé à part.

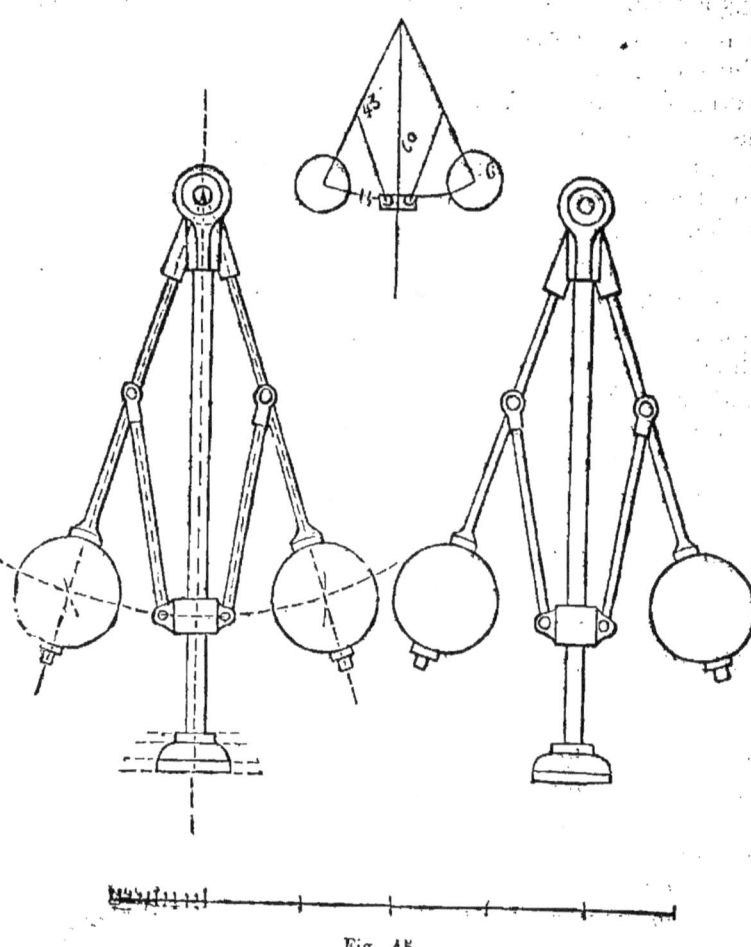

Fig. 45.

Nous ne donnerons pas d'autres exemples, les deux précédents suffisent, je pense, pour faire comprendre comment on doit dessiner une pièce de machine quelconque. Le dessin d'une machine entière se fait de la même manière puisqu'il suffit d'en dessiner les pièces l'une après l'autre. Mais il est bon de tracer d'abord au crayon les lignes principales d'une machine, puis de construire les différentes pièces autour de ces lignes ; on fait ainsi en quelque sorte le squelette de la machine. Supposons, par exemple, que nous ayons à dessiner une machine à vapeur. Nous tracerons d'abord les verticales AB, CD, EF et GV qui passent par l'axe du piston du

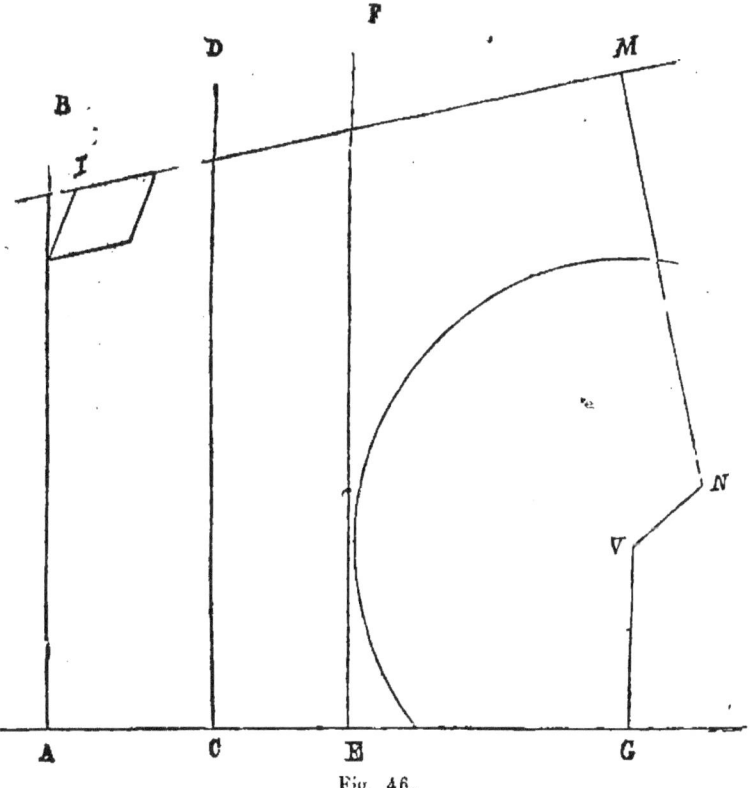

Fig. 46.

cylindre, par l'axe du piston de la pompe, par l'axe du support du balancier et par le centre du volant ; nous tracerons ensuite les lignes du parallélogramme de Watt, la ligne médiane IM du balancier, la ligne MN de la bielle, et la ligne NV qui unit l'extrémité de celle-ci au centre du volant. Enfin nous tracerons le cercle extérieur de ce volant.

La ligne horizontale sur laquelle on construit une machine s'appelle *ligne de terre*; c'est la ligne qui est supposée l'intersection d'un plan vertical sur lequel se projette l'élévation de la machine et du plan horizontal sur lequel se projette son plan.

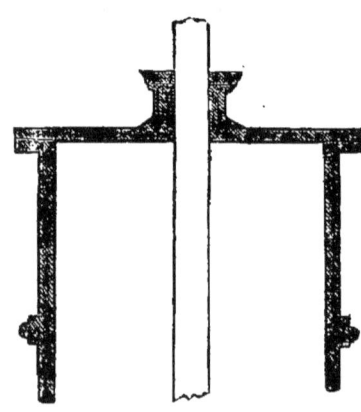

Fig. 47.

Les *coupes* de machine se dessinent comme les pièces précédentes, mais il y a une différence dans le tracé. Dans les dessins d'élévation, les pièces ressortent suffisamment, leurs contours sont de simples lignes. Dans les coupes il n'en est pas de même, on a des épaisseurs qui pourraient souvent se confondre avec les espaces vides si l'on n'avait un moyen de les distinguer. Les contours des corps creux sont alors formés de lignes parallèles; pour indiquer que ces lignes renferment entre elles un solide, et ne sont pas deux simples lignes séparées par un espace vide, ne sont qu'un seul contour et non pas deux contours, on remplit leurs intervalles par de petites hachures transversales tracées au tireligne. Dans les coupes verticales, les hachures se font de haut en bas, et dans les coupes horizontales de bas en haut, et suivant un angle de 45°. Nous représentons comme exemple ici la coupe d'une partie d'un cylindre de machine à vapeur.

## DES OMBRES.

Nous n'avons jusqu'à cette heure parlé que de la manière de reproduire les contours des corps. Pour faire ressortir leurs formes on a recours aux *ombres*, dont l'étendue et la forme varient suivant la forme des corps. Nous ne songeons nullement à faire ici une théorie des ombres; nous allons dire seulement quelques mots sur la manière de reproduire les ombres. La plus employée dans le dessin linéaire est le *lavis*, c'est-à-dire l'imitation des ombres au moyen de différentes couches d'encre de Chine. Ces couches s'étendent avec un pinceau. Il est bon d'employer des teintes très-pâles d'encre de Chine; en en superposant une quantité suffisante on obtient des teintes à la fois bien foncées et bien unies, et qui se fondent parfaitement les unes dans les autres. On emploie deux pinceaux : l'un se trempe dans l'encre de Chine délayée, l'autre dans de l'eau ; avec le premier on applique les couches, avec le second on les étend et on les fond les unes dans les autres.

On emploie quelquefois un autre mode de lavis. Au lieu de fondre les couches l'une dans l'autre, on étend l'une sur l'autre quelques couches d'intensité et de largeur différentes, bien parallèles et qui tranchent fortement l'une sur l'autre. Ce mode de lavis, lorsqu'il est bien fait, produit un effet très-remarquable et assez vrai.

On ombre quelquefois les dessins *au trait*. Pour cela on trace parallèlement aux contours d'un corps plusieurs lignes rapprochées d'épaisseurs et de distances variables, comme on le voit dans la figure suivante. La plupart des dessins gravés sont ombrés de cette manière, qui exige de l'habitude et de la pureté dans le tracé. Cette manière d'ombrer est réservée à la gravure.

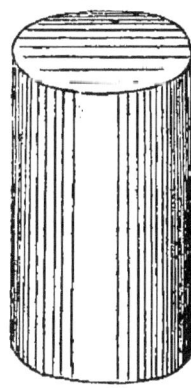

Fig. 48.

Dans les dessins qui ne doivent pas être ombrés, on fait usage de *traits de force*, c'est-à-dire que certaines parties des contours se dessinent en traits plus gros que les autres. Nous reproduisons ici un exemple de ce tracé.

Il est facile de distinguer quels doivent être les traits de force, en réfléchissant aux positions que doivent occuper les ombres. Ainsi la lumière étant supposée venir de gauche et d'en haut, les lignes qui se trouvent sous une partie ressortante du corps se trouveront dans l'ombre et on devra les tracer en traits de force. Il en sera de même des contours des corps situés à droite du dessinateur. Dans l'intérieur d'une coupe, ce sont au contraire les contours situés à gauche qui devront être tracés en traits de force.

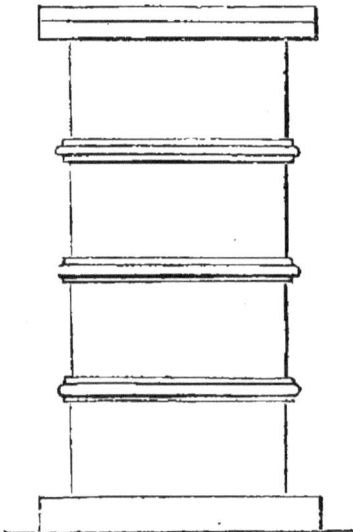

Fig. 49.

Les traits de force droits doivent naturellement avoir dans toute leur étendue la même épaisseur; il n'en est pas de même pour les traits de force courbes.

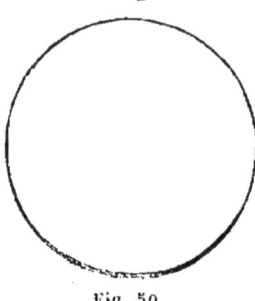

Fig 50.

En effet si nous considérons une boule, il est visible que les ombres ne peuvent avoir partout la même intensité; à partir de leur plus grande intensité, elles vont en diminuant jusqu'à ce qu'elles viennent se fondre dans le partie éclairée. C'est ce que le trait de force doit représenter le plus possible.

## PERSPECTIVE.

La perspective est l'art de représenter sur une surface plane des objets à des distances inégales et de donner à ces objets la grandeur, la forme et la couleur de son plan.

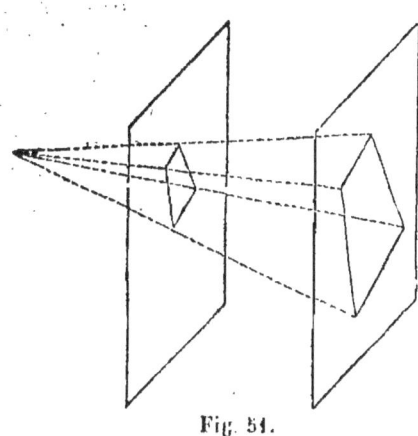
Fig. 51.

Dans le dessin linéaire on ne s'occupe naturellement pas de la couleur, il s'agit seulement alors de déterminer l'intersection des rayons visuels qui joignent l'œil et les points des corps par le plan du tableau. On y arrive aisément par de simples considérations géométriques. Ainsi il est évident d'abord que la perspective d'une surface plane parallèle au plan du tableau ne change ni de forme ni de direction : ce sont deux sections parallèles d'une même surface conique.

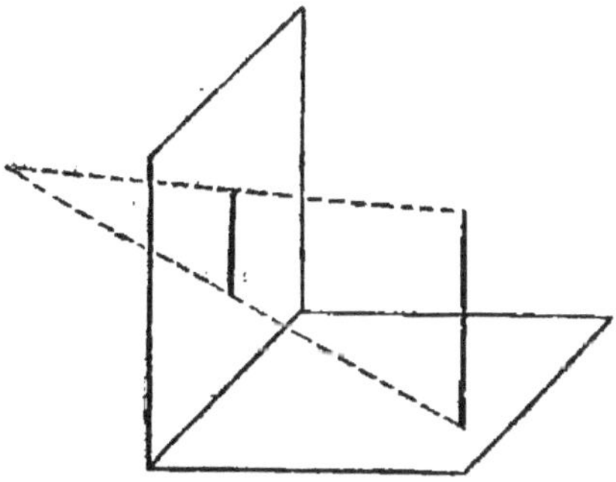

La perspective d'une ligne droite reste droite.

Les droites parallèles au plan du tableau restent parallèles à elles-mêmes en perspective.

L'apparence d'une verticale est une ligne également verticale (fig. 52).

Les lignes perpendiculaires au plan du tableau concourent toutes au point de vue situé sur l'horizon. Le point de vue est l'intersection de tous les rayons visuels.

Fig. 52.

Toutes les lignes qui se trouvent dans des plans horizontaux ou verticaux et différemment inclinés par rapport au plan du tableau vont toutes concourir à des points accidentels situés sur la ligne d'horizon.

Sans entrer dans des explications géométriques nous allons dire d'abord le moyen graphique d'obtenir *la*

46   DESSIN LINÉAIRE.

*perspective d'un point P situé sur le plan horizontal* (fig. 53).

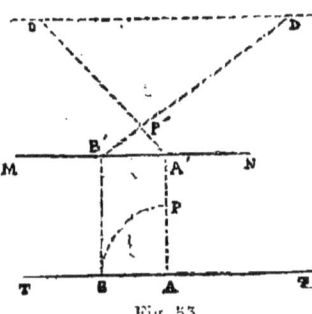
Fig. 53.

O est le *point de vue*, c'est-à-dire la projection de l'œil du spectateur ; D est un point situé sur l'horizontale passant par le point O et appelé *point de distance*. La ligne OD est la distance du spectateur au plan du tableau. Il peut être choisi arbitrairement, et de son choix dépend beaucoup l'élégance de la perspective. TT' est la trace du plan du tableau avec le plan horizontal où se trouve le point P. Pour éviter la confusion des lignes on suppose le plan du tableau reculé derrière le point P et sa nouvelle trace est MN. Cela posé on mène AA' perpendiculaire à TT' et à MN. Du point A comme centre avec AP pour rayon, on décrit un arc de cercle, et on obtient le point B par lequel on mène les perpendiculaires BB', au point A'O et B'D. L'intersection P' est la perspective cherchée.

Il est tout aussi facile de trouver la perspective d'une droite quelconque tracée sur un plan horizontal, car il suffit de trouver la perspective de deux points de cette ligne (fig. 54).

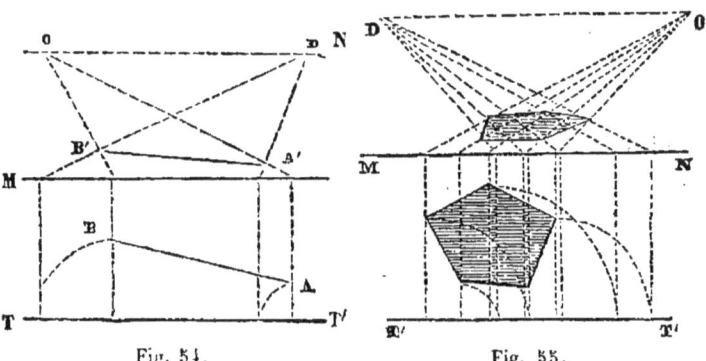

Fig. 54.   Fig. 55.

DESSIN LINÉAIRE. 47

De là résulte ensuite le moyen de trouver la perspective d'un polygone quelconque situé dans le plan horizontal; il suffit de déterminer celle de ses côtés (fig. 55).

Nous n'en dirons pas davantage sur la perspective : nous avons voulu seulement dire quel était son but. De plus longs développements ou ne signifieraient rien, ou nous forceraient à sortir de l'élémentaire.

## ARCHITECTURE.

L'architecture a pour objet la composition et la construction des édifices.—Le dessin d'architecture se compose du dessin linéaire et du dessin d'ornements.

Nous allons définir les ordres d'architecture relativement aux colonnes.

On admet cinq ou six ordres différents; ils diffèrent par les ornements et les sculptures.—Vignole, architecte célèbre, a donné un système que sa simplicité a fait généralement adopter.—Palladio en a donné un qui rappelle les belles et fermes proportions des antiques.

### Ordres d'Architecture.

1° Le *dorique grec*. C'est l'ordre le plus écrasé et le moins bon. Il est dépourvu de base; sa colonne est ornée de cannelures larges et peu profondes; le chapiteau est une grande moulure en forme de coupe reposant sur trois filets carrés, et surmontée d'un tailloir en forme de table carrée. (fig. 57.)

2° Le *toscan*. C'est l'ordre le plus employé; son aspect représente la force. (fig. 56.)

3° Le *dorique romain*. Il est le plus employé lorsque l'on veut joindre l'élégance à la simplicité. Le *dorique*

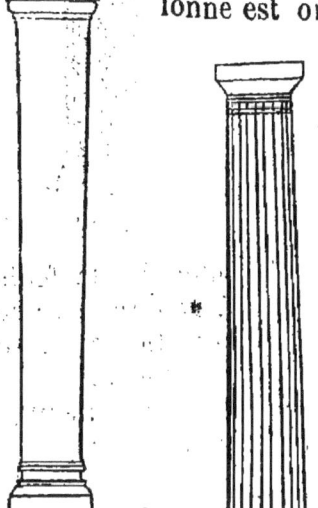

Fig. 56.   Fig. 57.

de *Palladio* ne porte pas de base et le fût est orné de cannelures.

4° L'*ionique* est plus élevé, plus fin de formes et de proportions ; son chapiteau est orné de volutes. (fig. 58.)

5° Le *corinthien*. Sa colonne est plus élevée; le chapiteau s'allonge beaucoup plus que dans l'ordre ionique et

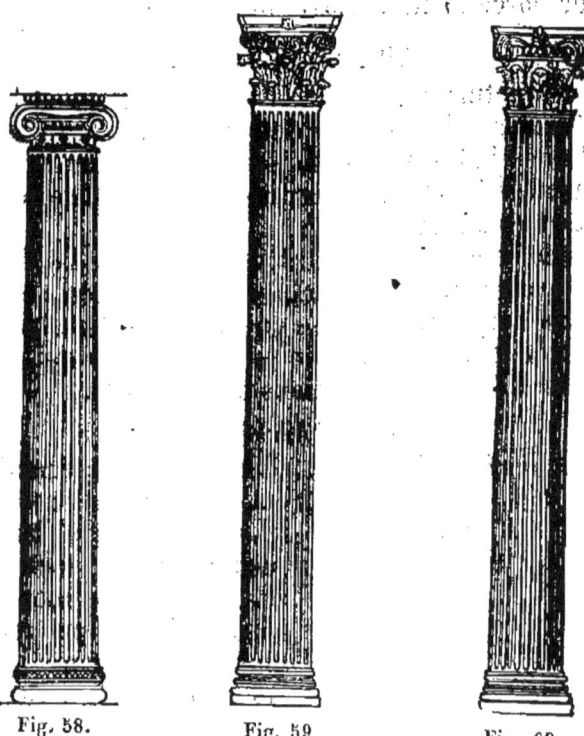

Fig. 58.  Fig. 59.  Fig. 60.

s'épanouit en forme de corbeille entourée de feuilles d'acanthe ; le tailloir du chapiteau cesse d'être carré pour prendre une forme curviligne dont les saillies angulaires sont soutenues par d'élégantes volutes. (fig. 59.)

6° Le *composite*. Mélange du corinthien et de l'ionique mais sans caractère bien défini. (fig. 60.)

FIN.

# CHEZ TOUS LES LIBRAIRES

on peut se procurer séparément les ouvrages de la

# BIBLIOTHÈQUE POUR TOUT LE MONDE

RELIGION, MORALE,
SCIENCES ET ARTS, INSTRUCTION ÉLÉMENTAIRE,
HISTOIRE, GÉOGRAPHIE, ETC.

## TITRES DES OUVRAGES

Numéros

1. Alphabet (*avec 100 gravures*).
2. Civilité (2e *livre de Lecture*).
3. Tous les genres d'Écriture.
4. Grammaire de Lhomond.
5. Le mauvais Langage corrigé.
6. Traité de Ponctuation.
7. Arithmétique simplifiée.
8. Mythologie.
9. Géographie générale.
10. — de la France.
11. Statistique de la France.
12. La Fontaine (*avec notes*).
13. Florian (*avec notes*).
14. Ésope, etc. (*avec notes*).
15. Lecture pour chaque Dimanche.
16. Morceaux de Littérature : Prose.
17. — Vers.
18. Art poétique (*avec notes*).
19. Morale en action.
20. Franklin (*œuvres choisies*).
21. Les Hommes utiles.
22. Les bons Conseils.
23. Histoire ancienne.
24. — grecque.
25. — romaine.
26. — sainte.
27. Histoire du moyen Âge.
28. — moderne.
29. — de la découverte de l'Amérique.
30. — de France.
31. — de Paris.
32. — de Napoléon.
33. Tablettes universelles.
34. Le Monde à vol d'oiseau.
35. Robinson raconté en famille.
36. Merveilles de la Nature.
37. Découvertes et Inventions.
38. Erreurs et Préjugés.
39. Le Bonhomme *Parce que* et son voisin *Pourquoi*.
40. Histoire Naturelle.
41. Géologie
42. Astronomie } avec
43. Physique amusante } gravures.
44. Chimie amusante
45. Tenue des Livres simplifiée.
46. Géométrie
47. Algèbre } avec
48. Arpentage } gravures.
49. Dessin linéaire
50. Poids et Mesures.

*Bibliothèque pour tout le monde!* — Pour que cette Bibliothèque justifie son titre et qu'une place lui soit donnée dans toutes les familles; — pour qu'elle soit réellement *élémentaire, instructive*, il faut que, TOUTE d'instruction, elle ne s'occupe que de sujets religieux, moraux ou scientifiques : — il faut aussi que son prix *extraordinairement bas* en rende l'acquisition très-facile *à tout le monde* : tel est notre but.

## CHAQUE OUVRAGE SE VEND SÉPARÉMENT.

Imp. Bonaventure et Ducessois.

www.ingramcontent.com/pod-product-compliance
Lightning Source LLC
Chambersburg PA
CBHW050026230526
45470CB00003B/1141